Joseph de PESQUIDOUX

RAMSÈS

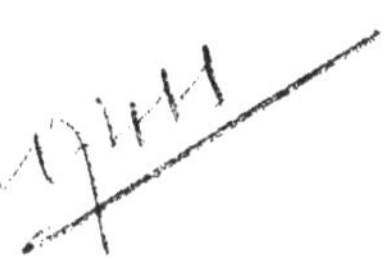

2987 -- AIRE-SUR-ADOUR, IMPRIMERIE J. LABROUCHE -- 9/1900

RAMSÈS

Drame en 1 Acte, en Vers

REPRÉSENTÉ POUR LA PREMIÈRE FOIS

le 26 Juin 1900

AU GRAND THÉATRE ÉGYPTIEN DE L'EXPOSITION

Musique de scène de Paul VIDAL

PERSONNAGES

RAMSÈS, Pharaon d'Égypte......... MM. de MAX
YACOB, vieillard juif .... CHARLIER
MATHOR, intendant du Pharaon..... BÉLIÈRES
LABAN, juif...................... Georges COLIN
SARUCH, juif .{
OPHER, juif...{ .... BARRUÉ
ABRAM, juif ..{
ISMAEL, juif ..{ .... LIVOET
SÉBECK, serviteur du Pharaon...... JUANA
MIRIAM, jeune juive, fille de Yacob ..MM^{les} Eugénie NAU
SÉLA, jeune femme juive .... Litty BOSSA

ROLES CHANTÉS

SIB, jeune fille égyptienne .... ROULLEAU
Un pâtre égyptien .... M. le RIGUER

Serviteurs du Pharaon.
Maison du Pharaon.
Juifs et Juives.

La scène se passe sous la première servitude, chez le Pharaon.

RAMSÈS

(Au moment où le rideau se lève, Sib, l'urne à l'épaule, traverse la scène, en chantant. Elle s'arrête, un instant, écoutant des rumeurs, dans le lointain, — puis, reprend sa chanson, et s'en va, tandis que grandit un murmure de foule qui se rapproche.)

SIB (*chantant*)

.   .   .   .   '   .   .   .   .

Le ciel rougit, la brise est née,
Le Nil épais enfle sa voix,
On sent tomber, au bord des bois,
La nuit propice à l'hyménée.

Un souffle chaud sort des halliers,
Le palmier bruit, la lune émerge,
Et l'on entend, rasant la berge,
Battre des ailes par milliers.

.   .   .   .

(Elle écoute, un instant, puis reprend.)

.   .   .   .

La terre en fleur roule et soupire ;
Sur toute chose un baiser vient ;
D'un frôlement on se souvient ;
Et le Sphinx même doit sourire.

Ah ! cours à moi, mon bien-aimé !
La femme éprise est vite atteinte,
Le sable garde mon empreinte
Et le chemin d'orge est semé.

Elle sort,

SCÈNE PREMIÈRE

(Les rumeurs grandissent ; YACOB et MIRIAM apparaissent. Juifs et Juives
arrivent. La foule, peu à peu, envahit le plain-pied, par le fond.)

YACOB

Les vois-tu ?

MIRIAM (*regardant vers la gauche*)

Pas encore.

YACOB (*montrant la droite*)

Et par là ?

MIRIAM

J'y vais, père !

Ils arrivent.....

YACOB

Nombreux ? Tout le chantier, j'espère.

(Survient un groupe)

Te voilà, débardeur.

LABAN

Moi, ma femme et mes fils.

YACOB

Et les autres ?

LABAN

Patience !

YACOB

Ah ! patience ! Ah ! je fis,
Longtemps, me croyant sage, et le sourd et l'aveugle.
Rien ne changea. Parfois, le bœuf lui-même beugle.

SÉLA

On nous battra !

LABAN

Qui sait ?

SÉLA

Si nous mangions encor !

(Arrive un flot d'hommes et de femmes)

ABRAM

Nous voici tous, Yacob.

YACOB

Tous ? Appelons Mâthor.

SÉLA

L'intendant ?

SARUCH

Et qui donc ?

SÉLA

Il écime ses treilles.

YACOB

Eh bien ! s'il veut tarder qu'il bouche ses oreilles.

(appelant)

Mâthor ! Mâthor ! !

OPHER

Crions !

PLUSIEURS VOIX

Mâthor ! Mâthor !

SÉBECK (*se montrant*)

Il vient.

YACOB

Qu'il se presse ! La faim à l'heure se souvient ;
La faim n'a pas le temps !

PLUSIEURS VOIX

Mâthor ! Mâthor !

SÉBECK

Paix, il arrive.

OPHER

Enfin !

ISMAEL (*le regardant venir*)

Lourd et pesant, gras, lui, comme une grive !

SCÈNE II

MATHOR (*brandissant un bâton*)

Hors d'ici ! hors d'ici !

SARUCH

Que dit-il ?

MATHOR

En arrière !

YACOB

Non ! tu nous dois du pain.

LABAN

L'orge et l'ail.

ISMAEL

Cruche entière

De vin.

MATHOR

Le vin est cher !

YACOB

Nous ne sortirons pas !
Ruisseler, chaque jour, chaque heure, à chaque pas,
De brûlantes sueurs sous le fouet jaillies,
Et, pleins de faim, le long des terres ameublies,
Envier les taureaux que l'on voit ruminer.....
Non, non, c'est trop.

MATHOR

Eh quoi ! Penses-tu m'étonner ?
Place ! allons ! Vous avez, ce soir, la tête dure ;
Assez !

YACOB

Oui, la misère est entêtée et dure
Assez ! .

MATHOR (*le menaçant*)

Je te ferai fouailler !

YACOB

Ose frapper !

PLUSIEURS JUIFS (*entourant Mâthor*)

Oui, oui, frappe-le donc !

OPHER

Ne crois pas échapper !

ISMAEL

Œil pour œil !

OPHER

Et nos mains qui soulèvent des pierres,
Sans trembler, fils d'Apis, baisseraient tes paupières !

MATHOR

A moi, gardes ! à moi !

SARUCH

Hurlements de chacal.

YACOB

Allons ! donne du pain !

MATHOR

Plutôt, quelque régal

De fer. Gardes !

YACOB

Alors, nous resterons ! Il vente ;
Le soir tombe ; c'est l'heure où Justice vivante,
Le fils d'Ammon descend pour respirer l'air frais :
Nous l'attendrons !

MATHOR (*épouvanté*)

Non ! non ! l'orge et le pain sont prêts !

SÉLA

Ah ! bourreau !

MATHOR

Suivez-moi, j'emplirai votre écuelle !

PLUSIEURS VOIX

Attendons !

MATHOR

Suivez-moi ! Par grâce !

SCÈNE III

Ramsès, tout à coup, apparaît, porté sur un trône, les mains aux genoux. Le trône s'abaisse, il descend. Autour de lui, sa maison, prêtres, soldats, femmes.

RAMSÈS

On se querelle !

LA FOULE (*soudain prosternée*)

Gloire à toi !

RAMSÈS

Qu'est-ce encore ? Une grève aux chantiers ?
Des cris ? des coups ? des morts ? Ah ! mes chefs de métiers
S'entendent à fouler cette poussière humaine.
Mâthor, c'est donc un jeu ? Ma pyramide traîne.
Pharaon, de ce pas, attendra son tombeau,
Roulé, près d'un ibis, dans le commun lambeau.

MATHOR (*à genoux*)

L'eau me manque !

RAMSÈS

Il suffit !

(à Yacob)

Parle, toi.

(Yacob se redresse, la foule reste à genoux)

YACOB

La révolte
A pour cause la faim. Le grain fait la récolte.
Nous sommes affamés et nous crions vers toi !
Comme de maigres chiens, gardiens zélés du toit,
Et qui, tout déchirés parfois à ton service,

Ont au moins droit, Seigneur, à leur part d'immondice.
Nous affronterons donc ta face et ton courroux :
Demandant les oignons, le pain noir, le vin roux,
Le morceau nourricier de toute créature.
Car, tombeau pour tombeau, peu vaut la sépulture,
Et si, pour l'élever, nous devons en périr,
Nous bâtirons le nôtre et nous saurons mourir.
Quand vides sont les bras et vides les entrailles,
Il devient malaisé de dresser des murailles.
Entends-nous ! ou sinon, au bruit sourd du rabot,
Tu pourras atteler l'Égypte à ton tombeau.

MATHOR

Serpent !

YACOB

Regarde-nous, Seigneur, la faim nous ronge.

SÉLA

Il en donne pour deux lorsqu'on est trois.

MATHOR

Mensonge !

Je fais à tous leur part.

SÉLA

Oui, de poissons pourris.

LABAN

D'orge vieille et de son.

SARUCH

C'est vrai ! Quand il est gris,
Il nous pèse du son et garde la farine.

TOUS

Il te vole, Seigneur !

MATHOR

Je frappe ma poitrine.....
Mais, ils mentent..... Le son est toujours mélangé ;
Et tu peux visiter le froment engrangé.

PLUSIEURS VOIX

Il te vole.

RAMSÈS

Est-ce tout ?

(Un silence)

MIRIAM

(Elle sort lentement de la foule. Très belle, elle s'avance vers le Pharaon, qui
fixement, la regarde approcher.)

Il force aussi les femmes !
Il nous traque, le soir, plein de rires infâmes.
Et les grands ours velus, en mal d'accouplements,
Auraient moins soif que lui de nos embrassements.
Celles qui, pâlissant, s'affaissent sur sa couche,
Peuvent, après, flâner, et la plume les couche !
Les autres, comme moi, qui portent droits leurs cous,
Trouvent, pour lit, la terre, et, pour repas, des coups.

YACOB

Elles sont le harem ; nous, les bêtes de somme.

MIRIAM

(Elle se découvre, soudain, de la tête au flanc. C'est toute la jeune beauté
juive. Ses bras sont bleus de traces de coups.)

Fils d'Ammon ! daigne voir.....

RAMSÈS (ébloui)

Qu'on saisisse cet homme !
Malheur sur le berger qui maigrit le troupeau
Et l'affame et le souille et change son pipeau
Contre un bâton noueux dont la chair saigne et pleure !
Malheur sur l'intendant qui pille la demeure !
Malheur sur l'homme vil qui, faussant le plateau,
Fait mentir le métal et fléchir le fléau !
Deux cents coups de bâton de la plante à la cuisse !
Deux cents ! et que pas un ou manque, ou passe, ou glisse.

(Aux Juifs.)

Quant à vous, Juifs, silence, et sortez !

(Montrant Miriam)

Celle-ci

Vous portera mon ordre.

(A tous ceux qui l'entourent.)

Allez tous !

(A Miriam, doucement)

Reste ici.

(Tout le monde se retire, devisant à voix basse.)

LABAN

Miracle !

SARUCH

Forte enfant !

ISMAEL (*à Yacob*)

On le doit à ta fille.

YACOB

Imprudente !

OPHER

Pourquoi ?

YACOB

J'ai peur de ce qui brille ;
J'ai peur de ce qui tente : or ou fer ; peur du feu.
Et le maître est le maître.

SÉLA

Elle est fière !

YACOB

Que Dieu
La garde.

ABRAM

Sois en paix. Race juive est fidèle
Et Ramsès tient parole.

YACOB

Il la trouve trop belle !

SCÈNE IV

RAMSÈS, MIRIAM

RAMSÈS

Comment t'appelles-tu ?

MIRIAM

Miriam.

RAMSÈS

De quel pays ?

MIRIAM

De Chanaan : la terre où grandit le maïs.

RAMSÈS

Et la terre fertile en vierges éclatantes !
Monte, viens, souris-moi, sois hardie. Ah ! les tentes,
Que l'on tisse, au désert, de fils lavés sept fois,
Sans doute, sur vos fronts vagabonds, autrefois,
Ont laissé leur blancheur et l'ombre tout ensemble,
Puisqu'on voit tes cheveux, que l'écaille rassemble,
Sur ta face de marbre onduler à flots noirs ?
Dis ! dis ! dans l'oasis, sous la brise des soirs,
Quand l'érable berçait sa branche bourgeonnée,
Quel jeune et fort désir poussait à l'hyménée,
Ceux dont ta blanche race un jour devait sortir ?
Dans la pulpe des lis ils ont su te pétrir.
Un sang bleu qu'on voit fuir trempe jusqu'à ta moëlle :
Et, tu me fais rêver de quelque pâle étoile.

MIRIAM

Non, non ; n'approche pas ! Roi ! Seigneur ! Maître ! Dieu !
Le rêve ment ; éteins ta prunelle de feu.
Le lis n'élève pas la plus suave haleine,
Et le lotus, fleur d'eau, d'oubli sûr toute pleine,
Exhale mieux, crois-moi, le parfum enivrant.
Non, non ; écarte-toi ; Pharaon est trop grand.
Captive, je naquis pour une humble tendresse,
Ton front ne peut dormir près du mien tresse à tresse.

RAMSÈS

Parle ! parle ! ta voix me grise comme un vin,
Tu veux fuir Pharaon et l'écarter en vain.
Ta chair a des chaleurs profondes et divines ;
Ton souffle rend l'odeur des tièdes ravines ;
Ta jeune vie écume en son jaillissement,
Et, comme sous l'effort d'un orage dément,
Je me sens emporté par le vent de ta robe !
Parle ! parle ! à tes pieds ma grandeur se dérobe.
J'entends au fond de moi naître un rire éternel ;
Ton sein m'attire plus que le sein maternel !
Parle ! parle ! Ramsès devant l'homme s'efface,
Je baisse mes regards sous l'éclat de ta face ;
Un sourd frémissement s'éveille dans mon sang !
La force de l'amour sur moi pèse et descend,
Je me courbe, je plie, et je cherche la terre,
Comme un palmier géant touché par le tonnerre !

MIRIAM

Te voila donc, ô roi ! qui frappe comme Dieu !
Regarde le soleil presser son char de feu.
On dit que c'est Ammon, ton père, qui l'entraîne...
Regarde !... Au bord du ciel, voici qu'il tourne rène :
Il va te voir, Seigneur, baiser mes doigts vaincus.

RAMSÈS

Que ne sait-il me rendre au moins les jours vécus !
Aveugle, jusqu'ici, dans ma force profonde,
Pharaon de granit qui pesait sur le monde,
Je prisais une femme un peu moins qu'une fleur.
Je ne t'avais pas vue, en ta rose pâleur !
Et, je ne savais pas, étreignant des seins d'ambre,
Quelle lueur d'aurore aux voûtes de ma chambre,
Ces haillons, en tombant, pouvaient faire lever.

Oh ! quand laisseras-tu ma main les soulever ?

MIRIAM

Ne suis-je point esclave et n'es-tu point le maître ?

RAMSÈS

Non ! Je veux t'obtenir et non pas te soumettre.

MIRIAM

M'obtiendras-tu du Dieu qui vomit l'étranger ?
D'Israël ? de mon père ? Et, penses-tu changer
La loi de nos aïeux, méprisante et farouche,
Qui défend de mêler et sang et race et bouche,
Et promet le tonnerre à qui forniquera ?

RAMSÈS

Chimère !

MIRIAM

Apre destin !

RAMSÈS

Ramsès l'écartera.

MIRIAM

Dieu suscite toujours un bras dans sa colère.

RAMSÈS

Quoi ? Crains-tu donc si peu, femme, de me déplaire ?
Quand ce Dieu vous a-t-il déliés de nos chars ?
Ton père ? J'aurai soin d'empêcher ses écarts ;
Israël ? Je suis las de souffrir son offense,
Il peut avoir besoin plutôt de ta défense.

MIRIAM

Oui, oui, je sais, pouvoir, force et droit, tout est tien.

RAMSÈS

Demande à partager : tout ici t'appartient !
Et, si tu veux l'Egypte à friper et le monde,
Comme aux nuits du chaos, mêlant la terre et l'onde,
Pour voir rire tes yeux je te les donnerai !...
Ecoute... Aux bords muets du sable immesuré,
Par les flots soulevé, sur sa chaise de pierre,
Dardant obstinément son oblique paupière,
Les deux mains aux genoux, plein d'immobilité,
Le colosse Memnon fixe l'immensité.
Mais, son souffle est éteint ; mais, sa veine est aride,
Et chaque siècle y laisse ou sa poudre ou sa ride.
Le colosse, pourtant, chante au lever du jour !

Et, les rayons de l'aube en palpitant autour,
Eveillent dans ce sein de granit un murmure,
Comme en trouvent les nids sous la jeune ramure !
Moi, je suis le Memnon, par ta flamme touché !
Et, si la flamme prend au colosse penché,
Ivre d'espoir, de rêve et de rire et de joie,
Dédaigneux de triomphe et dédaigneux de proie,
En lui, sentant enfin son cœur d'homme éclater,
Sous ce vivant soleil, Memnon-Roi va chanter !

MIRIAM

Et que chanterais-tu qui vaille pour la femme,
Ces mots vibrants et doux respirés par ton âme ?
Je frissonne, j'hésite, et m'écarte et reviens,
Et, je ne sais plus trop de quoi je me souviens,
Par ton souffle d'amour lentement pénétrée.

RAMSÈS

Rien ne vaut la douceur, Miriam, d'être adorée.

MIRIAM

Celle peut-être, ô roi ! d'adorer à son tour.

RAMSÈS

Double félicité faite ainsi de retour.

MIRIAM

Irrésistible aimant qui tire à soi la terre !

RAMSÈS

O bouche vierge ! ô chair d'albâtre ! ô tête chère !

MIRIAM

O roi ! qui veux m'aimer ; roi, de gloire éclatant.

RAMSÈS

Oh ! viens, viens ; mon palais impatient t'attend !
Le nard fume, un tumulte orgueilleux court les dalles,
Et la pierre a senti le poids de tes sandales !

MIRIAM

Délices d'être libre et de fouler ses fers.

RAMSÈS

Et de darder des yeux à jamais grands ouverts.

MIRIAM

De voir passer l'oiseau ; de voir passer le fleuve.

RAMSÈS

Et d'entendre frémir son âme toute neuve,

MIRIAM

De voir les fleurs fleurir...

RAMSÈS

    De voir le ciel rouler...

MIRIAM

De voir la terre éclore...

RAMSÈS

    Et les blés roux s'enfler,
Et, sans labeur, sans cris, sans crainte, sans colère,
Comme on va par le fleuve au fil d'une galère,
D'aller ainsi, bercés au vent chaud de l'amour,
De l'aube au crépuscule et de la nuit au jour,
D'aller du même pas, la bouche sur la bouche !

MIRIAM

Et de pouvoir dormir aux coussins d'une couche.

RAMSÈS

Et de laisser son souffle en baisers expirer.

MIRIAM

Et de vêtir de l'or.

RAMSÈS

    Et, sur ton flanc sacré,
De sentir sa chaleur en ta chaleur se fondre...

MIRIAM

Ah ! je dois être à toi, je ne sais plus répondre !

RAMSÈS

Abîme-toi, soleil ! qu'elle ouvre enfin ses bras...

SCÈNE V

Ramsès entraîne lentement Miriam, quand tout à coup,

SÉBECK (*se prosternant et se retirant tout de suite*)
Fils d'Ammon, les Hébreux...

RAMSÈS
Eh ! quoi, bel embarras.
Qu'ils attendent !

MIRIAM
Non, va ! sois bon, maître, sois juste ;
Et, Miriam, au retour, baisant ta tête auguste,
Saura dire merci !

RAMSÈS
J'obéis. Attends-moi.

MIRIAM
Sois-leur clément.

(Ramsès sort)

SCÈNE VI

MIRIAM & YACOB

YACOB, (*survenant, inquiet*)
Enfin ! je te retrouve !

MIRIAM (*joyeuse*)
Oh ! toi !

YACOB
Qu'a dit le Pharaon ?

MIRIAM
Viens, monte, c'est un rêve.

YACOB
Tu me le conteras en descendant la grève.

MIRIAM (*s'animant*)

Quand j'irai, désormais, des chars me porteront
Et la vipère d'or sifflera sur mon front !
Et les Juifs, pour me voir accourus sur la rive,
Ayant fait éclater la chaîne qui les rive,
D'un murmure jaloux grondant à mon côté,
Les Juifs, palmes en mains, chanteront ma beauté,
Au retentissement triomphal des cymbales.
Et toi, sous le lin pur, en des pompes royales,
Portant bâton, tatbebs, bijoux, colliers des grands,
Haussant en leurs palais tes pas longtemps errants
Comme Joseph, jadis, tu brideras l'Egypte !
Ce n'est point un mensonge ! et, demain, dans la crypte,
Peut-être, trouverai-je un trône en mon chemin...
Car le Pharaon m'aime et me baise la main.

YACOB

Demain, dis-tu, demain ?

MIRIAM

Oui, reine, avec l'aurore...

YACOB

Eternel, sois béni, j'arrive à temps encore !

MIRIAM

Si tu n'étais venu, je te faisais chercher.

YACOB

Ainsi le Pharaon a su te débaucher.
Et, tu te sens, sitôt, des reins de concubine,
Et, comme elles, déjà, l'or jeté te fascine,
Et ta chair pantelante aspire à se livrer ?
Quelle main pour son lit, va t'oindre et te parer ?
Des rêves de l'amour, te tenant lieu de mère,
Je te veux révéler l'éclatante chimère !
Quoi, deux cents ans de pleurs et de cendre et de joug,
Et ce peuple abattu, ployé sur le genou,
Et ton père, chien vil qu'on pourchasse et qu'on hue,
Et Jéhovah qui veille aux replis de la nue,
Quoi ! crainte, amour, respect, haines et souvenir,

Et cet espoir de règne en les temps à venir,
Rien ne t'empêcherait de lui donner ta bouche
Et d'aller ruisseler des sueurs de sa couche !
Tu te croyais donc seule en te prostituant ?
Tu ne savais donc plus ton crime, en t'y ruant,
Ni ce qui doit sortir du sang du patriarche ?
Mais, ce char triomphal n'est point encore en marche.
Et, tout enfant de Sem, en osant y monter,
Risquerait quelque choc à le précipiter !

MIRIAM

O ciel, est-ce bien là ton amour paternelle ?

YACOB

Père ou fille, pour tous, la loi vit, éternelle !

MIRIAM

C'était notre triomphe et notre liberté.

YACOB

Parle pour toi ! le pacte est tout de ton côté.

MIRIAM

Hélas ! j'ai cru bien faire.

YACOB

               En te prêtant au crime.

MIRIAM

Non, mais en contenant le bras qui nous opprime.

YACOB

C'est l'affaire de Dieu !

MIRIAM

               L'aider est-il funeste ?

YACOB

Assez ! assez ! Plus tard, tu me diras le reste.
En ce moment, suis-moi.

MIRIAM

               Moi ! ! te suivre ?... Et le roi ?...
Te suivre dans le deuil, et l'angoisse et l'effroi ?

YACOB

Sous le haillon, l'effort, la honte et la misère?

MIRIAM

Te suivre pour mourir comme est morte ma mère ?

YACOB

De faim.

MIRIAM

Je ne puis plus.

YACOB

Ah ! le dégout me prend !
Mais, je suis de ta race, ici, le seul parent,
Et si, pour la sauver en toi de ce parjure,
Il faut frapper à coups de couteau, je le jure,
Sachant, sous l'œil divin, que je défends la loi,
Je frapperai ! !.....

MIRIAM

Pitié ! Laisse-moi voir.

YACOB

Suis-moi !

MIRIAM

Non ! ce n'est pas possible et tu veux que je vive.

YACOB

Je veux qu'on m'obéisse enfin et qu'on me suive.

MIRIAM

Le roi m'a libérée et je te puis quitter.

YACOB

Prends garde ! Je suis las bientôt de t'écouter.

MIRIAM

Mais, chez le Pharaon, je suis sauve, j'espère?

YACOB

La guerre l'a fait maître et Dieu m'a rendu père !

MIRIAM

Alors ! je te renie et tu ne m'es plus rien.

YACOB (*tirant son poignard*)

Alors ! je finirai de trancher le lien !

MIRIAM

Ose-le donc.

YACOB (*menaçant*)

Suis-moi !

MIRIAM

Non ! non ! tigre, en arrière !

YACOB (*levant le bras*)

Allons ! finissons-en ; tu m'as rendu de pierre.
MIRIAM (*reculant dans la coulisse, en parant les coups*)
Infanticide ! ! A moi ! Ramsès ! à moi !

(la scène vide, une seconde)

YACOB (*reparaissant. Il jette son poignard ensanglanté
par dessus la terrasse*)

C'est fait !

SCÈNE VII

(Ramsès entre, du côté opposé. Il est suivi de toute sa cour, des femmes ferment la marche, les bras chargés d'étoffes et de bijoux.)

RAMSÈS

Quel est cet homme ?

YACOB

Un Juif, un esclave.

RAMSÈS

En effet,

Je t'ai vu quelque part.

YACOB

Oui, j'étais de la grève.
J'ai parlé. Puis, Miriam, ma fille, ardente et brève,
Après moi, s'est levée.....

RAMSÈS

Alors..... voici ma main !....
Jour sacré, qui vous mit tous deux en mon chemin,
Approche ! Mâthor fuit, banni loin de ma face.
A toi, ses biens, son rang, son titre ! Prends ! Efface
En mon nom, s'il se peut, dans le cœur d'Israël,
Pour qu'il batte envers nous d'un amour fraternel,
Jusqu'aux regrets obscurs des premières patries.
Qu'il ne soit qu'un berger aux mêmes bergeries.....

(cherchant de tous côtés)

Mais, où donc est Miriam ? car, vois-tu, je suis fou.
Mon sang, comme la mer, enfle, s'agitte et bout :
Et la chair de ma chair tremble, près d'elle, toute !

YACOB (*reculant*)

Elle arrive. Elle a peur de se leurrer, sans doute.

(montrant l'endroit où il l'a frappée)

Elle rêve, et se pare..... Elle arrive : elle est là.....

RAMSÈS (*faisant quelques pas de ce côté*)

O goutte de lumière avide encor d'éclat !
Il est donc vrai, pour moi, Miriam devient coquette.
De parures, Ramsès était de même en quête.
Linons, colliers, anneaux, bagues d'or, j'ai tout pris,
Et je t'apporte tout, étrangement épris,
Avec ce blanc lotus ouvert au crépuscule.....

(avançant encore un peu)

Miriam ? Miriam ?
            Mais, non, tarde, hésite, recule.
Ouvre ou ferme ta porte, à ton gré, je suis tien.
Et Ramsès, que la terre en frémissant prévient,
Attendra que Miriam à son soupir s'éveille.
Viens vite ! viens pourtant ! La nuit muette veille ;
Son ombre bleue au loin pleut et va déborder :
Tu seras sous la nuit très douce à regarder.....

(avançant un peu, impatient)

Miriam ? Miriam ?

. . . .

. . . .

YACOB (*s'empressant*)

J'y vais !

RAMSÈS (*dénouant la vipère d'or de son front*)

Tiens ! mets-lui ma vipère.
Le Pharaon veut bien la tenir de son père.

(La scène se vide, une seconde.)

YACOB

[Il revient, poussant et soutenant brutalement Miriam, chancelante et voilée d'un pan de sa robe. Puis, tout à coup, il la dévoile et s'écrie :]

Eh bien ! je te la donne et tu peux l'embrasser !

[Miriam apparait, sanglante, le visage balafré de coups de couteau. Haletante, en sanglots, elle s'affaisse.]

RAMSÈS (*lui jetant son manteau à la face*)

Horreur ! horreur ! horreur !

YACOB

C'est vite te glacer.

RAMSÈS (*se soutenant sur son sceptre*)

Oh ! je me sens mourir.

YACOB

Va ! cherche à te débattre !
Les pères pour peiner, les filles pour t'ébattre ?
Tu ne te doutais pas du pouvoir paternel ;
Tu ne connaissais pas les coups de l'Éternel !
Les filles d'Abraham sont le bien de leur race,
Rien ne les doit tirer du chemin qu'elle trace,
Car, l'avenir du monde est en germe en leur sein.
Celle-ci, de sa race, oubliait le dessein :
Et, j'ai mis, pour garder sa chair lâche et débile,
Entre elle et tes baisers ce masque indélébile !
Va ! je livre l'exemple à tout peuple captif !
Tu peux frapper !

RAMSÈS (*il lève son lour sceptre d'or et marche sur Yacob.
Puis, il laisse retomber son bras et dédaignensement*)

C'est bien, on t'écorchera vif !

(Il fait à tous signe de se retirer. Des soldats entraînent Yacob. On emporte Miriam évanouie. Silence. Soudain, un chant de pâtre s'élève, allant en augmentant, puis diminuant. Ramsès l'écoute, pénétré.)

Elle m'a dit : Viens à l'aurore !
Quand la clarté frissonne aux cieux ;
Tu pourras voir, baignant mes yeux,
Une lueur plus douce encore.

Elle m'a dit : Viens au plein jour !
Quand le soleil étreint la terre ;
Tu trouveras, gros de mystère,
Mon sein brûlant aussi d'amour.

Elle m'a dit : Viens à la brune !
Lorsque le soir déclot le lis ;
Je veux t'ouvrir, nus et polis,
Mes bras d'or pâle sous la lune.

Elle m'a dit : Viens à la nuit !
Quand la rosée au vent s'égoutte ;
Je veux te tendre, après la route,
Mes lèvres fraîches comme un fruit.

La voix s'éteint. Alors, lentement :

RAMSÈS

Ammon Roi ! Père et Dieu ! Regarde dans mon âme !
La plaie est toute vive et verse de la flamme.
Je la sens fibre à fibre arder et me ronger,
Portes-y quelque fer et sache l'y plonger !
Vois ! ce pâtre qui chante au bord des ondes grasses,
Pour mes pourpres, mes chars, mes trônes, mes terrasses,
Et mon nom et ma gloire et ma divinité,
Père, ne voudrait pas, cueillant sa puberté,
Donner haillons, pipeau, sa race et sa chaumière,
Ni cet âpre destin de peine coutumière,
Qu'épousa cette vierge en son premier baiser !
Ah ! retire ce trait impossible à briser !
Fais que le Pharaon de granit recommence,
Le lion chevelu plein d'une force immense,
Et qui fatigue un peuple à tisser son linceul,
Hélas ! rends-le très grand, puisqu'il doit vivre seul.

2987 -- AIRE-SUR-ADOUR, IMPRIMERIE J. LABROUCHE -- 9/1900